Weniger ist manchmal mehr

Glück durch Minimalismus

Minimalismus, aber richtig –
Die Clevere Schritt für Schritt Anleitung

Autor : M. Rock

Vorwort	1
Glück durch Minimalismus:	3
Weniger ist manchmal mehr	3
Was sind die Vorteile vom Minimalismus und warum sollte man sich für diesen Lebensweg entscheiden?	9
Du hast mehr Platz in deinem Kopf:	9
Du hast mehr Zeit:	11
Du hast weniger Stress	12
Du wirst flexibler:	13
Du wirst dankbarer:	14
Du hast weniger Verlustängste:	15
Du hast eine bessere Wahrnehmung:	16
Deine Wohnung ist schneller geputzt:	17
Du hast mehr Ordnung:	18
Du sparst Geld:	19
Du findest neue Hobbys:	20
Du lebst gesünder:	21
Du hast mehr Zeit für Bewegung:	22
Du hast bessere Laune:	23
Du hast mehr Energie:	24
Bewusster genießen:	25
Bessere Konzentration:	26
Du hast weniger Verpflichtungen:	27
Weniger Ausmisten:	27
Weniger Müll:	28
Dein Leben wird einfacher:	29

Qualität, statt Quantität:	29
Minimalismus, aber richtig –	30
Die Schritt für Schritt Anleitung	30
Was brauche ich wirklich - Die Liste, die Klarheit schafft:	31
Das große Ausmisten:	32
Der Test:	33
Ein Schritt nach dem anderen:	35
Trenne dich von deiner Deko:	36
Lebe einen Tag ohne Internet:	37
Konzentriere Dich auf nur eine Sache:	38
Verbringe mehr Zeit in der Natur:	39
Führe ein Gedankentagebuch:	40
Stelle dich der Fragen der Fragen:	41
Nimm dir Zeit für dich selbst:	42
Gehe bewusst einkaufen:	43
Miste deinen Kleiderschrank aus:	44
Die 80-20 Regel:	45
Ein minimalistischer Schlafplatz:	45
Die Freiheit beginnt im Kopf	46
Schlusswort	49
Wie waren die Informationen?	50
Rechtliches	52

Disclaimer-Alle Inhalte dieses Ratgebers/Kochbuches wurden nach bestem Wissen und Gewissen verfasst und nachgeforscht. Allerdings kann keine Gewähr für die Korrektheit, Ausführlichkeit und Vollständigkeit der enthaltenen Informationen gegeben werden. Der Herausgeber haftet für keine nachteiligen Auswirkungen, die in einem direkten oder indirekten Zusammenhang mit den Informationen dieses Ratgebers stehen. 54

Bücher Tipp 55

Vorwort

Wolltest Du dein Leben schon immer vereinfachen und mehr Zeit für dich selbst haben? Dann ist dieses Buch goldrichtig für dich! Ich werde dir Schritt für Schritt zeigen, was Du bei der Umsetzung alles zu beachten hast und wie Du im Endeffekt das verwirklichen kannst, was Du möchtest. Hierfür werden wir am Anfang dieses Buches mit den wichtigsten Grundlagen des Minimalismus beschäftigen und dir danach auch Strategien mit an die Hand geben, die dir selbstverständlich auch weiter helfen werden. Du kannst dir den ganzen Aufbau dieses Buches wie einen Hausbau vorstellen. Zuerst werden wir uns um die Grundlage kümmern, die notwendig ist, um dann weiter zu bauen.

Das bedeutet, aber nicht, dass der praktische Teil in diesem Buch zu kurz kommen wird. Ganz im Gegenteil: Dieses Buch wird mit praktischen Tipps und Strategien des Minimalismus gefüllt sein, die Du direkt in die Tat umsetzen kannst. Umso wichtiger ist es, dass Du dem auch folgst und im Endeffekt auch das erreichen kannst, was Du willst. Wichtig hierbei ist, aber auch, dass Du einen eigenen Willen bzw. ausreichend Motivation mitbringst. Nur wenn Du das machst, wirst Du im Endeffekt dahin kommen, wo Du es wolltest.

Dieser Ratgeber wird dein Werkzeug sein. Den Weg zu deinem Ziel musst Du, aber schlussendlich selbst gehen. Daher ist es besonders wichtig, dass Du dir über deine eigene Intention bewusst wirst, um im Endeffekt auch das zu erreichen, was Du eigentlich wolltest. Gerade wenn es darum geht Minimalismus langfristig in dein Leben zu implementieren, wirst Du bemerken, dass Du weiterkommen wirst und im Endeffekt auch das erreichen kannst, was Du möchtest. Daher solltest Du immer über einen langfristigen Zeitraum denken, um weiter zu kommen und im Endeffekt das zu erreichen, was Du wolltest. Mit diesen Worten möchte ich schon das Vorwort beenden und wünsche dir viel Spaß beim Lesen.

Glück durch Minimalismus:

Weniger ist manchmal mehr

Wir leben in einer Zeit, wo wir ständig neuen Reizen umgeben sind. Unser Zeitalter nennt man nicht umsonst ,,Konsumzeitalter". Wir haben die Möglichkeit so viele verschiedene Dinge auf einmal zu konsumieren, sodass wir nicht mehr wissen, was für uns persönlich am besten ist und was nicht. Unser Verstand muss so viele verschiedene Reize auf einmal aufnehmen und verarbeiten wie noch nie zuvor. In unserem zu Hause liegen so viele verschiedene Gegenstände herum, die wir im Alltag nicht alle verwenden. Nicht selten wissen wir gar nicht warum manche Gegenstände bei uns zu Hause herumliegen.

Das Konsumieren beschränkt sich selbstverständlich nicht nur auf die Nahrung. Im Grunde können wir die unterschiedlichsten Dinge konsumieren. Egal ob einen Film oder ein Buch. Da diese Prozesse in den meisten Fällen unbewusst ablaufen, bemerken wir in den wenigsten Fällen etwas davon und wissen auch nicht wirklich, was für uns persönlich am besten ist und was nicht. Daher kann es in den meisten Fällen hilfreich sein einen Gang herunter zu schrauben und sich auf das Wenigste zu beschränken, sodass man die Möglichkeit hat sich wirklich auf das zu fokussieren, was für einen persönlich am wichtigsten ist.

Minimalismus bedeutet nicht Verzicht. Der Grund warum sich die wenigsten Menschen trauen minimalistisch zu leben ist, weil sie befürchten auf ihre liebsten Dinge verzichten zu müssen. Dem ist, jedoch nicht so. Ganz im Gegenteil! Es geht darum sich im ersten Schritt Prinzipien auf zu stellen, die auch wirklich das wiederspiegeln, was für einen persönlich wichtig ist. In den wenigsten Fällen, machen wir uns genau hierüber Gedanken. Umso wichtiger ist es, dass man an dieser Stelle ansetzt und herausfindet wie man sein Leben so gestalten kann, um danach sein Leben wirklich so zu leben wie man es wollte. Es heißt nicht umsonst ,,Weniger ist manchmal mehr". An diesem Satz ist viel mehr dran, als sich die meisten Menschen bewusst sind.

Bild ist von https://pixabay.com/de/users/VABo2040-6314823/

Minimalismus bedeutet nicht, dass man sich selbst einschränkt, sondern sich lieber auf das beschränkt, was für einen selbst am besten ist. Wenn Du das machst, wirst Du bemerken, dass Du einen großen Schritt weiterkommst und im Endeffekt das erreichen kannst, was Du möchtest. Psychologen und unterschiedliche Studien haben mittlerweile belegt, dass es besser ist, wenn man seinen Verstand entlastet, um sich wirklich auf die wenigen Dinge zu fokussieren, die für einen selbst wichtig sind. Da wir im Alltag mit so vielen verschiedenen Reizen umgeben sind, machen wir uns in den wenigsten Situationen darüber Gedanken, was für uns und vor allem für unser Leben am besten ist. Umso wichtiger ist es an dieser Stelle anzusetzen und heraus zu finden wie man sein Leben nach den Prinzipien leben kann, die einen auch wirklich glücklich machen. Wenn Du darauf achtest, wirst Du bemerken, dass Du automatisch glücklicher wirst und auch viel gelassener in Stresssituationen reagieren kannst.

Nicht selten sind auch zu viele Reize dafür verantwortlich, dass wir in Stress verfallen und am Ende nicht mehr wissen, was für uns persönlich wichtig ist. Umso wichtiger ist es an dieser Stelle anzusetzen und heraus zu finden wie man ganz einfach und schnell sein Leben vereinfachen kann, sodass man mehr Zeit und Energie hat, um sich auf die Dinge zu konzentrieren, die für einen selbst wirklich eine große Rolle spielen.

Ein Vorteil vom Minimalismus ist nämlich nicht nur, dass man automatisch glücklicher wird, sondern auch mehr Zeit hat. Wenn dich nicht mehr ein Dutzend Gegenstände ablenken können, wirst Du bemerken, dass Du einen großen Schritt weiterkommst und viel schneller und einfacher das erreichen kannst, was Du eigentlich möchtest. Umso wichtiger ist es an dieser Stelle anzusetzen und heraus zu finden wie man sein Leben nach seinen wichtigsten Prinzipien leben kann, sodass man im Endeffekt mehr Zeit hat, die man für andere Dinge und Aktivitäten nutzen kann.

Keine Sorge: Beim Minimalismus geht es nicht darum von heute auf morgen alles zu streichen und mit Nichts mehr zu leben. Man sollte die Veränderung immer nur in dem Maß vornehmen in dem sie auch für einen selbst gut tut. Wenn Du dir schon von Anfang an zu viel vornimmst, wirst Du bemerken, dass Du keinen einzigen Schritt weiterkommst und auch nicht das erreichen wirst, was Du eigentlich möchtest. Einen großen Cut über Nacht zu machen, wird dich in den meisten Fällen keinen einzigen Schritt weiterbringen.

Nur wenn Du die Veränderung schrittweise vornimmst, wirst Du auch bemerken, dass Du einen großen Schritt weiterkommst und im Endeffekt auch effektiv minimalistisch leben kannst. Hierbei ist es wichtig, dass Du dir selbst nicht von Anfang an zu viel vornimmst, da dies genau das Gegenteil von dem erzeugen wird, was Du eigentlich möchtest. Du kannst dein Leben nicht von heute auf morgen verändern. Das stimmt. Du kannst, aber jeden Tag kleine Schritte gehen, um schlussendlich dahin zu kommen, wo Du es eigentlich wolltest. Das ist es worauf es schlussendlich ankommt und worauf wir in diesem Ratgeber auch unseren Fokus legen werden.

Ich werde dich mit an die Hand nehmen und dir Schritt für Schritt zeigen wie Du dein Leben minimalistisch verändern kannst. Wirklich wichtig ist nur, dass Du auch deinen eigenen Willen mitbringst. Dieses Buch wird dein eigenes Werkzeug sein, um den Weg zu gehen. Den Weg musst Du, aber schlussendlich selbst gehen. Umso wichtiger ist es, dass Du auch eine eigene Motivation hast, um weiter zu kommen und dein eigenes Ziel zu verwirklichen. Nur wenn Du das machst, kannst Du weiterkommen und das erreichen, was Du erreichen willst.

Wir werden uns am Anfang mit den wichtigsten Grundlagen des Minimalismus beschäftigen und dann rüber in die Praxis gehen. Das ist es nämlich worauf es schlussendlich ankommt und was dich auch weiter bringen wird. Du kannst dir den Aufbau dieses Buches wie einen Hausbau vorstellen. Zuerst kümmern wir uns um die Grundlage, die in diesem Ratgeber erst einmal theoretisch sein wird. Die Praxis wird in diesem Buch trotzdem nicht zu kurz kommen. Ganz im Gegenteil! Dieses Buch wird sogar praxisorientiert sein und dir selbst dabei weiterhelfen schnell und einfach dahin zu kommen, wo Du es eigentlich möchtest, und zwar ein glückliches und erfülltes Leben zu führen.

Was sind die Vorteile vom Minimalismus und warum sollte man sich für diesen Lebensweg entscheiden?

Wenn es um das Thema ,,Minimalismus" geht, stellt sich die Frage was überhaupt der Vorteil von diesem Lebensweg ist und warum man sich für diesen entscheiden sollte. Damit Du selbst ein bisschen mehr Motivation hast und auch weißt warum Du dich genau für diesen Weg entscheiden solltest, haben wir für dich die wichtigsten Vorteile aufgelistet, sodass Du einen Überblick über die wichtigsten Vorteile hast, die ein minimalistisches Leben mit sich bringen wird.

Du hast mehr Platz in deinem Kopf:

Wir leben in einem Zeitalter, wo wir ständig von neuen Reizen umgeben sind, die unser Verstand selbstverständlich verarbeiten muss. Nicht umsonst nennt man unser Zeitalter ein ,,Konsumzeitalter". Psychologen und Verhaltensforscher haben herausgefunden, dass wir am Tag ca. 60.000 Gedanken denken. Davon sind, aber nur 3% positiv und bringen uns auch weiter. Den Rest kann man sprichwörtlich in die Tonne schmeißen. Da die meisten Gedankengänge unbewusst ablaufen, bemerken wir in den wenigsten Fällen auch etwas davon.

Umso wichtiger ist es an dieser Stelle anzusetzen und zuerst in seinem Kopf mehr Platz zu schaffen, sodass man im Endeffekt auch mehr Zeit und Energie hat, um andere Dinge in seinem Leben durch zu führen. Der beste und effektivste Weg ist hier der Minimalismus. Mit Hilfe eines minimalistischen Lebensweg, hast Du auch automatisch mehr Freiheit in deinem Kopf, da Du dir nicht mehr um so viele Gegenstände in deinem zu Hause Gedanken machen musst, da sie gar nicht mehr existent sind.

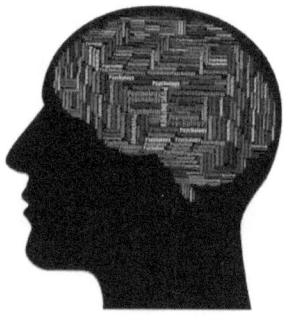

Bild ist von https://pixabay.com/de/users/GDJ-1086657/

Du hast mehr Zeit:

Je weniger Dinge Du zu Hause hast, um die Du dich kümmern musst, umso mehr Zeit hast Du auch im Endeffekt, um schlussendlich demnach zu gehen, was dich wirklich erfüllt und was für dich wirklich am besten ist. Du musst dir weniger Sorgen darum machen ständig zu putzen, sondern kannst deine freie Zeit im Endeffekt dafür nutzen, um wirklich das zu machen, was dir gefällt und wonach Du dich wirklich sehnst.

Bild ist von https://pixabay.com/de/users/annca-1564471/

Du hast weniger Stress:

Sind wir mal ehrlich: Wie viele Gedanken machst Du dir wirklich um die Dinge, die Du bei dir zu Hause herumliegen hast? In den wenigsten Fällen machen wir uns wirklich darüber Gedanken, was uns stresst, obwohl es offensichtlich ist. Du kennst das bestimmt auch: Der Arbeitsplatz ist nicht aufgeräumt und auf einmal hast Du wieder ein ganz anderes Gefühl an dem Platz. Du verspürst mehr Druck und kannst dich auch nicht mehr richtig konzentrieren. Umso wichtiger ist es an dieser Stelle anzusetzen und heraus zu finden wie man ganz einfach und schnell dahin kommen kann, wohin man es wirklich will. Genau das Gegenteil ist der Fall, wenn unser Zuhause und auch unser Arbeitsplatz aufgeräumt ist, sodass wir direkt wissen, wo wir unsere wichtigsten Gegenstände finden können und auch nicht mehr allzu sehr unter Stress leiden.

Du wirst flexibler:

Ein weiterer Vorteil vom Minimalismus ist, dass Du flexibler wirst und somit auch einfacher die besseren Entscheidungen treffen kannst. Mit einem minimalistischen Lebensstil, musst Du dir nun selbst keine Gedanken mehr um deine ganzen Gegenstände bei dir zu Hause machen und dir auch nicht mehr den Kopf um das Putzen zerbrechen, sondern hast die Möglichkeit endlich das anzugehen, was Du wirklich möchtest.

Bild ist von https://pixabay.com/de/users/4653867-4653867/

Du wirst dankbarer:

Vielleicht hast Du auch schon mal etwas über den Spruch ,,Es sind die kleinen Dinge im Leben, die uns wirklich glücklich machen", gehört. An diesem Satz ist viel mehr dran, als sich die meisten Menschen bewusst sind. Wenn wir von so vielen Dingen und Reizen umgeben sind, die für uns persönlich gar nicht relevant sind, passiert es schnell, dass wir den Fokus für das wirklich Wichtige verlieren. Je bewusster Du dir über die Dinge wirst mit denen Du dich umgibst, desto dankbarer wirst Du automatisch. In den meisten Fällen macht es nämlich Sinn den Fokus darauf zu richten, was für einen selbst am wichtigsten ist. Dankbarkeit ist in der Psychologie schon lange als die beste Waffe gegen Stress und Angst bekannt.

Bild ist von https://pixabay.com/de/users/marselelia-1451138/

Du hast weniger Verlustängste:

Wir leben in einem Zeitalter, wo wir uns über die kleinsten Dinge Gedanken machen. Verlustängste gehören mittlerweile auch an der Tagesordnung. Umso wichtiger ist es an dieser Stelle anzusetzen und heraus zu finden wie man effektiv gegen diese Ängste angehen kann. Der beste und effektivste Weg ist, dass Du deinem Verstand gar nicht die Möglichkeit gibst sich über alles und jeden Sorgen zu machen. Wenn Du das machst, wirst Du bemerken, dass Du einen großen Schritt weiterkommen wirst und auch viel schneller und einfacher das verwirklichen kannst, was Du eigentlich möchtest.

Bild ist von https://pixabay.com/de/users/xusenru-1829710/

Du hast eine bessere Wahrnehmung:

Selten liegt unser Fokus im Alltag darauf, was wir haben, sondern stattdessen, was wir nicht haben. Das liegt vor allem daran, weil wir die ganze Zeit von neuen Reizen umgeben sind, die wir verarbeiten müssen. Wenn wir dem entgegenwirken und einen neuen Raum für unsere Wahrnehmung schaffen, werden wir bemerken, dass wir einen großen Schritt weiterkommen und schlussendlich eine bessere und vor allem auch bewusste Wahrnehmung für deine ganze Umgebung haben. Dein Fokus wird sich dann nicht mehr darauf richten, was Du nicht hast, sondern darauf, was Du besitzt.

Bild ist von https://pixabay.com/de/users/geralt-9301/

Deine Wohnung ist schneller geputzt:

Wenn Du nicht mehr im Besitz von vielen Gegenständen bist, die Du die ganze Zeit reinigen musst, wird deine Wohnung auch automatisch schneller sauberer sein. Umso wichtiger ist es an dieser Stelle anzusetzen und heraus zu finden wie man sein Leben so gestalten kann, sodass man seine Wohnung auch im Endeffekt schneller und effektiver putzen kann.

Bild ist von https://pixabay.com/de/users/congerdesign-509903/

Du hast mehr Ordnung:

Wer im Besitz von vielen Gegenständen ist, hat in der Regel auch mit sehr viel Unordnung zu kämpfen. Mit einem minimalistischen Lebensstil wirst Du viel einfacher und schneller Ordnung in deiner Wohnung schaffen und diese Ordnung im Nachhinein auch besser kontrollieren können. Wenn Du das machst, wirst Du im Endeffekt einen großen Schritt weiterkommen und dein minimalistischer Lebensstil wird auch viele Vorteile für dich tragen.

Bild ist von https://pixabay.com/de/users/Reisefreiheit_eu-5746148/

Du sparst Geld:

Wer im Leben weniger Gegenstände braucht, wird dafür in der Regel auch weniger Geld ausgeben müssen. Gerade wenn es darum geht langfristig Geld zu sparen, wird man mit einem minimalistischen Lebensstil besonders weit kommen und seine eigentlichen Ziele viel einfacher und schneller verwirklichen. Auch eine kleinere Wohnung kann einem Geld einsparen, da man sowieso nicht mehr im Besitz von vielen Gegenständen ist, die man unterbringen muss.

Bild ist von https://pixabay.com/de/users/3dman_eu-1553824/

Du findest neue Hobbys:

Jeder von uns hat bestimmte Träume und Ziele. Der Grund warum wir sie im Alltag nicht angehen ist, weil wir viel zu sehr mit Kleinigkeiten beschäftigt sind. Wenn wir mehr Freiraum in unserem Alltag schaffen, werden wir bemerken, dass wir einen großen Schritt weiterkommen und im Endeffekt auch mehr Zeit und Energie für die Dinge in unserem Leben haben, die für uns wichtig sind. Vielleicht hast Du auch schon mal etwas über den Spruch :,, Aus den Augen, aus dem Sinn", gehört. An diesem Satz ist viel mehr dran, als sich die meisten Menschen bewusst sind. Umso wichtiger ist es an dieser Stelle anzusetzen und sich den Freiraum zu schaffen, der für einen selbst wichtig ist.

So kannst Du zum Beispiel die freie Zeit, die Du nun zur Verfügung gestellt bekommen hast und nicht mehr zum Putzen verwenden willst, dafür nutzen, um deinen Träumen und Zielen im Leben anzugehen. Wenn Du das machst, wirst Du einen großen Schritt weiterkommen und im Endeffekt das erreichen, was Du möchtest. Versuche also die Zeit kreativ zu nutzen und heraus zu finden, was Du wirklich in deinem Leben verwirklichen willst. Wenn Du das machst, wirst Du einen großen Schritt weiterkommen und wirst dich automatisch auch erfüllter und glücklicher fühlen.

Du lebst gesünder:

Stress ist einer der häufigsten Gründe warum wir ungesund Leben und im Endeffekt auch schneller zunehmen. Umso wichtiger ist es an dieser Stelle anzusetzen und einen Raum zu schaffen, wo man nicht mehr so schnell in Stresssituationen verfällt. Wenn Du das machst, wirst Du bemerken, dass Du einen großen Schritt weiterkommst und im Endeffekt dahin kommen kannst, wo Du möchtest. Wenn Du weniger Dinge besitzt, musst Du dich darum auch automatisch weniger Sorgen und Gedanken machen und senkst damit auch automatisch dein Stresslevel.

Bild ist von https://pixabay.com/de/users/GDJ-1086657/

Du hast mehr Zeit für Bewegung:

In den USA bezeichnet man das Sitzen als das neue Rauchen. Gerade Menschen, die einen Bürojob haben und sowieso viel sitzen, sollten sich die Zeit für mehr Bewegung nehmen. Ansonsten wird man früher oder später mit chronischen Gesundheitsproblemen zu kämpfen haben wie zum Beispiel Herz-Kreislaufproblemen. Wer sich nicht mehr um tausende Gegenstände und deren Säuberung kümmern muss, hat im Endeffekt auch mehr Zeit für andere Sachen wie zum Beispiel Bewegung und Sport.

Bild ist von https://pixabay.com/de/users/3dman_eu-1553824/

Du hast bessere Laune:

Unsere Gedanken kreisen im Alltag die ganze Zeit um Kleinigkeiten. Das verursacht auf kürzere oder spätere Sicht Stress, was im Endeffekt schlechte Laune mit sich zieht. Wenn Du weniger Dinge hast, um die Du dich kümmern musst, wirst Du auch automatisch bessere Laune haben und dich auch besser fühlen.

Bild ist von https://pixabay.com/de/users/DanaTentis-2743349/

Du hast mehr Energie:

Unsere Energie lässt sich auf unterschiedliche Ebenen übertragen. Unterscheiden tut man vor allem zwischen physischer und emotionaler Energie. Wer sich die ganze Zeit Sorgen um Gegenstände machen muss, wird früher oder später auch mit einem Energieproblem zu kämpfen haben. Umso wichtiger ist es an dieser Stelle anzusetzen und heraus zu finden wie man ganz einfach und schnell das Umfeld für sich schaffen kann, das einem dabei helfen kann mehr Energie zu besitzen, um produktiver durch den Tag zu starten.

Bild ist von https://pixabay.com/de/users/Devanath-1785462/

Bewusster genießen:

Ein weiterer Vorteil, der mit dem Minimalismus kommt ist das bewusste Genießen. Im Alltag sind wir von so vielen verschiedenen Reizen umgeben, sodass wir gar nicht mehr den Fokus auf das lenken können, was uns wirklich wichtig ist, sodass wir diese Dinge auch bewusst aufnehmen.

Bilder von https://pixabay.com/de/users/RitaE-19628/

Bessere Konzentration:

Vielleicht hast Du das auch schon einmal erlebt. Du hast deinen Fokus auf viele verschiedene Dinge gelenkt und dadurch konntest Du nicht mehr die nötige Konzentration haben, um dich auf das zu fokussieren, was wirklich wichtig ist und Priorität hat. Wer seine Konzentration die ganze Zeit verteilt, wird in der Regel keinen einzigen Schritt weiterkommen und auch nicht das erreichen, was er möchte. Wenn dein Zuhause nur noch mit dem Wichtigsten ausgestattet ist, wirst Du dich im Nachhinein auch viel besser konzentrieren können und das erreichen, was Du möchtest.

Bild ist von https://pixabay.com/de/users/Devanath-1785462/

Du hast weniger Verpflichtungen:

Wer im Besitz von vielen Gegenständen ist, verpflichtet sich auch bewusst oder unbewusst dazu sich um sie zu kümmern. Das bringt natürlich auch viel Stress und Sorgen mit sich. Wenn Du dich ab sofort nur noch um die Dinge kümmern musst, die für dich wichtig sind, wirst Du auch bemerken, dass Du dich automatisch besser fühlen wirst und auch weniger Stress hast, sodass Du dich im Nachhinein nicht mehr darum kümmern musst.

Weniger Ausmisten:

Wer viele Gegenstände bei sich zu Hause hat, die er nicht benutzt, muss die früher oder später ausmisten. Ausmisten ist wieder mit Energie und Zeit verbunden, die Du dir im Endeffekt auch sparen kannst, wenn Du nicht mehr viele Gegenstände hast, um die Du dich kümmern musst.

Weniger Müll:

Wer viele Gegenstände bei sich zu Hause hat, verursacht früher oder später auch viel Müll. Das Entsorgen ist wiederum mit viel Arbeit und Energie verbunden, die Du dir im Endeffekt wieder sparen kannst, wenn Du dein Leben minimalistisch gestaltest.

Bild ist von https://pixabay.com/de/users/Noupload-2404633/

Dein Leben wird einfacher:

Psychologen und Verhaltensforscher haben schon lange herausgefunden, dass das Leben besser wird, wenn man es vereinfacht. Du wirst glücklicher, machst dir um weniger Sachen sorgen und kannst im Endeffekt genau das Leben führen, was deinem Standard entspricht. Umso wichtiger ist es an dieser Stelle anzusetzen und heraus zu finden wie Du dein Leben nach den Standards ausrichten kannst, die für dich persönlich wirklich wichtig sind.

Qualität, statt Quantität:

Ein Misskonzept, das immer wieder weitergetragen wird, wenn es um das Thema ,,Minimalismus" geht ist, dass man unbedingt verzichten muss. Die Wahrheit ist, jedoch dass man seinen Fokus einfach nur auf die Dinge richtet, die für einen selbst am Wichtigsten sind. Die Qualität der Gegenstände spielt eine viel größere Rolle, als die tatsächliche Anzahl. Wenn Du dein Leben vereinfachst, wirst Du bemerken, dass Du dich viel mehr darum kümmern wirst, was Du im Leben wirklich haben willst und was für dich eine besonders große Rolle spielt. Das hat wieder den Effekt, dass Du glücklicher wirst und im Endeffekt genau das Leben führen kannst, was deinen Standards entspricht.

Minimalismus, aber richtig –

Die Schritt für Schritt Anleitung

Wenn es um das Thema Minimalismus geht, wissen die allermeisten Menschen nicht, was sie genau zu beachten haben und was die notwendigen Schritte sind, um dahin zu kommen, wo man es sich eigentlich vorgestellt hat. Wie viel soll man weglassen und was darf man noch verwenden? Ein Misskonzept, das immer weitergetragen wird, wenn es um das Thema Minimalismus geht, ist, dass es sich um Verzicht handelt. In Wirklichkeit handelt es sich hierbei genau um das Gegenteil! Es geht viel mehr darum sich auf das zu fokussieren, was man wirklich will und braucht. In den meisten Fällen liegen so viele Gegenstände bei uns zu Hause herum, die wir gar nicht richtig brauchen und verwenden. Sie rauben uns im Endeffekt nicht nur unnötige Zeit, sondern in erster Linie auch Energie, die wir für andere Ziele verwenden könnten. Umso wichtiger ist es an dieser Stelle anzusetzen und sich auf das zu fokussieren, was einen selbst wirklich am besten tut.

Was brauche ich wirklich - Die Liste, die Klarheit schafft:

In unserem Alltag machen wir meistens das woran wir gewöhnt sind. In den wenigsten Fällen machen wir uns darüber Gedanken, ob wir eine Sache auch wirklich wollen oder nicht. Umso wichtiger ist es an dieser Stelle anzusetzen und Klarheit zu schaffen. Der erste und wichtigste Schritt ist die Erkenntnis. Das wussten schon die alten Philosophen im antiken Griechenland. Dies ist ein Konzept, was man selbstverständlich auch noch auf die heutige Zeit übertragen kann. Wenn Du zuerst beobachtest, was Du im Alltag wirklich brauchst, kannst Du im nächsten Schritt auch viel einfacher und effektiver entscheiden, was Du aussortieren möchtest und was nicht. Der schnellste und einfachste Weg hierfür ist eine Liste. Beobachte dich und dein Verhalten einfach für eine Woche und fange an zu dokumentieren, was für dich persönlich wichtig ist und was nicht. Hierbei ist es natürlich wichtig immer ehrlich mit dir selbst zu sein, denn es bringt nichts dir selbst etwas vor zu spielen, wenn es nicht der Realität entspricht. Bei dieser Liste ist es vor allem wichtig Muster zu erkennen. An ihnen kannst Du nämlich ziemlich schnell erkennen, was dir genau wichtig ist und was nicht. Hierbei ist es vor allem wichtig ehrlich mit dir selbst zu sein, denn beim Minimalismus geht es nicht um Zwänge, sondern sich von den Dingen zu befreien, die einem selbst im Alltag Kraft und Energie rauben.

Das große Ausmisten:

Nun kommen wir zu dem eigentlichen und auch sehr wichtigen Part von dem Minimalismus, und zwar dem Ausmisten. Das Ausmisten spielt selbstverständlich auch eine sehr große Rolle und ist der Part, wo Du dich tatsächlich von den Dingen verabschiedest, die Du nicht mehr brauchst. Um dir den Prozess so einfach wie möglich zu machen, solltest Du am besten von Anfang an einen großen Cut machen. Wenn Du das machst, wirst Du einen großen Schritt weiterkommen und kannst im Endeffekt viel schneller und einfacher das erreichen, was Du eigentlich wolltest. Beim großen Ausmisten geht es darum, dass Du erstmal alles raus schaffst, was Du nicht mehr brauchst. Du hast schon im Vorhinein eine Liste von Gegenständen erstellt, die für dich wichtig sind und auf die Du auch nicht verzichten möchtest. Auf diese solltest Du dich auch in nächster Zeit fokussieren. Auch wenn dieser Schritt erstmal wie eine große Überwindung aussieht, solltest Du ihn gehen, um schlussendlich auch das zu verwirklichen, was Du möchtest.

Hierbei musst Du nicht direkt alle Gegenstände in den Müll bringen. Du kannst dich auch einfach an Boxen bedienen, wo Du alle Gegenstände rein füllst auf die Du in nächster Zeit verzichten willst. Wichtig ist nur, dass Du diese Gegenstände nicht die ganze Zeit zu Gesicht bekommst. Die Boxen kannst Du dann in den Dachboden bringen oder auch zu einem guten Freund. Wichtig ist nur, dass sie nicht in deinem Blickfeld sind und Du dann alle Vorteile vom Minimalismus genießen kannst.

Der Test:

Der Grund warum die wenigsten Menschen sich trauen minimalistisch zu leben ist, weil sie sich einbilden an etwas gebunden zu sein und davon nicht mehr weg zu kommen. Darüber hinaus wissen die meisten Menschen auch nicht worauf sie sich genau einlassen und, was sie bei der Umsetzung alles zu beachten haben. Daher kann es hilfreich sein sich selbst ein Zeitpensum von 14 bis 30 Tagen zu setzen, die einem selbst dabei helfen können erst einmal ein Gespür dafür zu bekommen, ob der Minimalismus etwas für einen ist oder nicht. In dieser Zeit probiert man mit dem Wichtigsten klar zu kommen und auf das zu verzichten, was man nicht mehr braucht.

Darüber hinaus gibt einem selbst so ein Zeitrahmen ein besseres Bewusstsein darüber, was man selbst möchte und was nicht. Bevor Du also damit beginnst dein Leben von Grund auf zu verändern, solltest Du dir selbst einen Zeitrahmen einplanen, wo Du einen Test beginnst. Wenn Du das machst, wirst Du bemerken, dass Du einen großen Schritt weiter kommst und auch viel schneller und einfacher dahin kommen kannst, wo Du es möchtest. Im Grunde ist es gar nicht so schwer, wenn man weiß worauf es ankommt und was man bei der Umsetzung alles zu beachten hat. In den wenigsten Fällen machen wir uns darüber Gedanken, was für uns persönlich wichtig ist und was nicht. Wir sind so sehr vom Alltag eingenommen, sodass wir uns gar nicht mehr fragen welche Werte und Prinzipien wirklich für uns wichtig sind. Umso wichtiger ist es an dieser Stelle einen Cut zu machen und heraus zu finden wie man sein Leben so gestalten kann, sodass es wirklich dem entspricht, was man haben möchte. Wenn Du das machst, wirst Du bemerken, dass Du einen großen Schritt weiterkommst und im Endeffekt ein Leben führst, was dir selbst mehr Energie gibt und auch Zeit, um andere Dinge zu unternehmen.

Ein Schritt nach dem anderen:

Ein Grund warum die meisten Menschen bei der Umsetzung ihrer Ziele scheitern ist, weil sie sich von Anfang an zu viel vornehmen und am Ende nicht mehr wissen, was sie tun und lassen wollen. Sie können nicht selbstwirksam werden, was jedoch besonders wichtig ist, wenn man ein bestimmtes Ziel wie zum Beispiel minimalistisch Leben verwirklichen will. Daher macht es in den meisten Fällen auch Sinn einen Schritt nach dem anderen zu machen und dann im Endeffekt das umzusetzen, was man sich vorgestellt hat. Auch wenn das in der Praxis bedeutet die Messlatte etwas niedrig anzusetzen, wirst Du bemerken, dass es genau das ist, was dich auf langfristige Sicht weiterbringen wird. Es bringt nichts von heute auf morgen auf alle Gegenstände zu verzichten. Viel effektiver und besser ist sich zuvor Gedanken darüber zu machen, was man wirklich braucht und worauf man verzichten kann. Im nächsten Schritt ist es dann hilfreich diese Dinge Schritt für Schritt weg zu lassen und einen minimalistischen Lebensstil auf zu bauen. Wenn Du das machst, wirst Du bemerken, dass Du einen großen Schritt weiterkommst und im Endeffekt auch das erreichen kannst, was Du möchtest.

Trenne dich von deiner Deko:

Überflüssige Dekoration nimmt viel Platz in unserem zu Hause ein und kostet auch sehr viel Zeit, um sie zu reinigen. Umso wichtiger ist es sich auch an dieser Stelle die Frage zu stellen, was man wirklich braucht und was nicht. Wenn Du das machst, wirst Du bemerken, dass Du einen großen Schritt weiterkommst und im Endeffekt auch das verwirklichen kannst, was Du dir ursprünglich vorgestellt hast. Im Grunde ist es gar nicht so schwierig, wenn man sich zuerst an die Umsetzung macht. Wenn Du dein zu Hause minimalistisch gestaltest, wirst Du dich früher oder später sowieso von deiner Deko trennen müssen. Das bedeutet, aber nicht unbedingt, dass dein ganzes zu Hause leer stehen muss. Ganz im Gegenteil: Versuche dich lieber auf die kleinen Dinge zu beschränken, die für dich persönlich wichtig sind und uns auch lieb sind. Versuche dein zu Hause genau mit diesen Dingen zu füllen und auf die Gegenstände zu verzichten, die Du nicht brauchst. Wenn Du das machst, wirst Du dich selbst nicht nur freier und besser fühlen, sondern auch bemerken, dass der Raum sofort größer und heller wirkt.

Lebe einen Tag ohne Internet:

Das Internet ist heutzutage das Informationstool Nr.1. Im Grunde kann es jeder benutzen, der es möchte. Man muss nur wissen, was für einen selbst am besten ist und was nicht. In sehr vielen Fällen überfordern genau diese Informationen unseren Verstand einfach nur. Heutzutage sind wir von so vielen unterschiedlichen Reizen umgeben, sodass Du im Endeffekt nicht mehr weißt, was Du davon gebrauchen kannst und was nicht. Daher ist es besonders effektiv einfach mal einen Tag auf Internet zu verzichten, um im Endeffekt heraus zu finden, was einem wirklich gut tut und was nicht. In der Praxis bedeutet das einfach mal das Handy aus zu schalten und nicht an den Laptop zu gehen. Stattdessen kannst Du die Zeit nutzen, um zu meditieren oder dich auf deine innere Mitte zu besinnen.

Konzentriere Dich auf nur eine Sache:

Wir leben in einer Zeit, wo wir ständig von neuen Reizen und Eindrücken umgeben sind. Wir brauchen einfach nur in die Innenstadt zu fahren, um heraus zu finden, was einen selbst wirklich gut tut und was nicht. Wenn Du dich stattdessen nur auf eine Sache konzentrierst, wirst Du bemerken, dass es dir selbst viel besser gehen wird und Du im Endeffekt auch nicht mehr so viel Stress haben wirst mit dem Du dich herumschlagen musst. Doch wie genau kann dieser Grundsatz in der Praxis aussehen? Statt ein Fertiggericht zu essen und im Hintergrund Radio zu hören, kannst Du dir Zeit nehmen, um dein Lieblingsgericht mit vollem Bewusstsein zu zu bereiten. Das wird dir im Endeffekt nicht nur besser schmecken, sondern auch noch mehr Spaß machen. Minimalismus bedeutet eben nicht nur sein zu Hause zu vereinfachen, sondern auch seinen Kopf. Wenn Du das machst, wirst Du bemerken, dass Du dich viel besser fühlen wirst und im Endeffekt auch das erreichen kannst, was Du möchtest.

Verbringe mehr Zeit in der Natur:

Die Natur hilft uns wieder zu unserer inneren Mitte zu finden und die Gedanken zu befreien. In den meisten Fällen verbringen wir, jedoch viel zu wenig Zeit in der Natur und beschäftigen uns lieber mit anderen trivialen Dingen wie zum Beispiel Fernsehen schauen. Die Zeit, die Du durch deinen minimalistischen Lebensstil zur Verfügung gestellt bekommen hast, kannst Du beispielsweise auch dafür nutzen, um mehr Zeit in der Natur zu verbringen und dadurch deine Gedanken wieder frei zu machen. Wenn Du daraus eine Gewohnheit entwickelst, wirst Du bemerken, dass es dir selbst viel besser gehen wird und, dass Du auf langfristige Sicht genau das erreichen wirst, was Du dir eigentlich vorgenommen hast.

Führe ein Gedankentagebuch:

Am Tag denken wir ca. 60.000 Gedanken. Davon sind gerade einmal 3% positiv und wirklich brauchbar. Den Rest kann man sprichwörtlich in die Tonne schmeißen. Da die meisten Gedankenprozesse unbewusst ablaufen, bemerken wir in den meisten Fällen auch gar nichts davon. Umso wichtiger ist es an dieser Stelle anzusetzen und seine Gedanken zu strukturieren. Wenn Du das machst, wirst Du bemerken, dass Du einen großen Schritt weiterkommst und im Endeffekt auch das umsetzen kannst, was Du möchtest. Auch dein Stresslevel wird sich senken, da Du dich nicht mehr von deinen Gedanken vereinnahmen lässt. In den meisten Fällen übernehmen unsere Gedanken die Kontrolle über uns, anstatt anders herum, sodass wir nicht wissen, was wir im Endeffekt tun sollen. Die gute Nachricht ist, dass wir ziemlich schnell und effektiv die Kontrolle über unsere Gedanken übernehmen können, wenn wir uns zuerst über sie bewusst werden. Das ist der erste, aber auch wichtigste Schritt, den wir brauchen, um die Kontrolle über unsere Gedanken zu gewinnen. In den meisten Fällen reichen 10 bis 15 Minuten am Tag dafür schon aus, um dahin zu kommen, wo man es sich vorgestellt hat. Wenn Du das machst, wirst Du bemerken, dass Du einen großen Schritt weiterkommst und im Endeffekt auch das erreichen kannst, was Du möchtest. Besonders effektiv ist es so ein Tagebuch am Ende des Tages zu führen, da man zu diesem Zeitpunkt noch einmal Revue über den Tag passieren kann.

Stelle dich der Fragen der Fragen:

Ein Grund warum die allermeisten Menschen nicht das schaffen, was sie wollen ist, weil sie sich nicht mit dem konfrontieren, was für sie wichtig ist. Auch beim Thema ,,Minimalismus" ist das in den meisten Fällen nicht anders. Wenn wir die ganze Zeit vor den Fragen wegrennen, die entscheidend sind, kommen wir in den meisten Fällen überhaupt nicht weiter und können im Endeffekt auch unser Ziel nicht verwirklichen. Umso wichtiger ist es, dass man beginnt sich die Fragen zu stellen, die für einen selbst am besten sind. Die Frage, was man wirklich braucht, versucht man in den meisten Fällen zu umgehen. Das ist ein Konzept, das besonders häufig in unserem Alltag wieder zu finden ist. Gerade wenn es darum geht sich mit Dingen zu beschäftigen, die auch etwas unangenehm sein können, sollte man diese Dinge angehen, da sie einen im Endeffekt weiterbringen werden. Stell dir also die Frage, was Du persönlich brauchst und worauf Du auch gut verzichten kannst. Nur dann wirst Du weiterkommen und das erreichen, was Du eigentlich möchtest. Dafür kannst Du den ersten Tipp nutzen und dich selbst einfach mal für 1 Woche beobachten. Wenn Du das machst, wirst Du bemerken, dass Du einen viel besseren und vor allem auch klareren Überblick über die Dinge hast, die Du im Leben brauchst und auf die Du auch ohne schlechtes Gewissen verzichten kannst.

Nimm dir Zeit für dich selbst:

Wann hast Du dir selbst einmal Zeit für dich selbst genommen, ohne dir die ganze Zeit darüber Gedanken zu machen wann Du die Spülmaschine ausräumen solltest oder wann der Müll heraus gebracht werden sollte? All das sind Fragen mit denen wir uns so gut wie gar nicht beschäftigen. Stattdessen verbringen wir unsere Zeit viel lieber mit trivialen Dingen, die für unser Leben an sich keinen Wert haben. Wenn Du dich, jedoch für einen minimalistischen Lebensstil entscheidest, wirst Du bemerken, dass Du automatisch mehr Zeit hast und diese auch bewusst nutzen kannst. Nimm dir einfach mal die Zeit, um vollkommen mit dir selbst zu sein und dir nicht die ganze Zeit Gedanken um Kleinigkeiten machen zu müssen. Du wirst nicht nur bemerken, dass Du langfristig glücklicher wirst, sondern auch viel besser mit Stresssituationen umgehen kannst. Wie Du die Zeit mit dir selbst verbringst, ist vollkommen dir überlassen. Am besten entscheidest Du dich für etwas, was dich nicht ablenkt wie zum Beispiel Fernsehen schauen, sondern dir dabei weiterhilft deinen Fokus zu stärken. Du kannst die Zeit nutzen, um zu meditieren und deine innere Mitte zu finden oder auch, um ein gutes Buch zu lesen und dich selbst positiv zu stimmen. Wenn Du das machst, wirst Du bemerken, dass Du einen großen Schritt weiterkommst und im Endeffekt auch das erreichen kannst, was Du eigentlich wolltest.

Gehe bewusst einkaufen:

Wann hast Du dich das letzte Mal bewusst für oder gegen einen Einkauf entschieden? In unserer heutigen Zeit laufen die allermeisten Einkaufsprozesse unbewusst ab, sodass wir im Endeffekt auch gar nicht mehr wissen, was für uns selbst am besten ist und was nicht. Umso besser ist es die Zeit zu nutzen und bewusst einzukaufen. Falls dir das schwer fällt und Du selbst noch keine Übung in dieser Tätigkeit hast, kannst Du dir selbst auch einfach eine Liste erstellen. Was genau möchtest Du einkaufen? Was brauchst Du wirklich und worauf kannst Du verzichten, ohne dass es dir mentale Schmerzen bereitet? All das sind Fragen mit denen man sich im Alltag so gut wie gar nicht auseinandersetzt, obwohl sie so eine große Rolle spielen. Hierbei geht es nicht um Verzicht. Ziel beim bewussten Einkauf ist, den Fokus von der Quantität auf die Qualität zu lenken. Es wird also nicht mehr darum gehen wie viel Du einkaufen wirst, sondern was Du einkaufst. Wenn Du das machst, wirst Du bemerken, dass Du langfristig einen großen Schritt weiterkommen wirst und sich dein Wohlbefinden auch um einiges verbessern wird.

Miste deinen Kleiderschrank aus:

In unserem Kleiderschrank liegen in den meisten Fällen viele Kleidungsstücke herum, die wir im Alltag gar nicht mehr anziehen. Da wir Menschen Gewohnheitstiere sind, neigen wir sogar dazu sehr oft die gleichen Dinge zu tragen. Daher kann es auch hier besonders hilfreich sein einen zweiten Blick auf die ganzen Dinge zu werfen und heraus zu finden, ob man wirklich die ganzen Sachen braucht, die man im Alltag in seinem Kleiderschrank bei sich herumliegen hat. Wenn Du das machst, wirst Du bemerken, dass Du einen großen Schritt weiterkommst und im Endeffekt schneller und einfacher das erreichen kannst, was Du willst.

Bild ist von https://pixabay.com/de/users/StockSnap-894430/

Die 80-20 Regel:

20% der Dinge mit denen wir uns beschäftigen und dir wir benutzen, nehmen in der Regel 80% unserer Zeit ein. Wenn wir beobachten um welche Dinge es sich hierbei genau handelt, können wir im Nachhinein die Dinge heraus schmeißen, die uns Zeit und Energie rauben. An dieser Stelle ist es natürlich besonders wichtig ehrlich mit sich selbst zu sein und heraus zu finden, wo die eigenen Zeitfresser liegen. Wenn Du das machst, wirst Du bemerken, dass Du einen großen Schritt weiterkommst und im Endeffekt auch das erreichen kannst, was Du möchtest.

Ein minimalistischer Schlafplatz:

Menschen in Deutschland schlafen im Durchschnitt 8 Stunden am Tag. Die wenigsten Menschen in Deutschland machen sich, jedoch Gedanken um den eigenen Schlafplatz, obwohl das eine sehr große Rolle spielt und auch nicht außer Acht gelassen werden sollte. Wenn Du deinen Schlafplatz so einrichtest, sodass Du dich wohlfühlst, wirst Du auch bemerken, dass Du automatisch mehr Energie beim Aufwachen hast und auch viel lieber ins Bett gehst. Hierbei kann es besonders hilfreich sein den eigenen Schlafplatz so einfach wie nur möglich zu halten. Es braucht nicht viel Schnickschnack und Du wirst bemerken, dass Du dich damit um einiges besser fühlen wirst.

Die Freiheit beginnt im Kopf

Beim Minimalismus geht es in erster Linie nicht nur darum im eigenen zu Hause auf zu räumen, sondern vor allem auch im eigenen Kopf. Meistens schwirren in unserem Verstand so viele verschiedene Gedanken herum, sodass wir gar nicht mehr wissen, was für uns persönlich am wichtigsten ist und was nicht. Umso wichtiger ist es, dass man an dieser Stelle ansetzt und die Freiheit bei sich selbst im Kopf beginnt. Wenn Du das machst, wirst Du bemerken, dass Du einen großen Schritt weiterkommst und im Endeffekt das erreichen kannst, was Du möchtest.

Wenn dein Kopf nicht frei ist, kann es auch in den meisten Fällen dein zu Hause nicht werden. Vielleicht hast Du auch schon mal etwas von dem Spruch :,,Dein Umfeld ist ein Spiegelbild deiner selbst". An diesem Satz ist viel mehr dran, als die meisten Menschen vermuten. Darüber hinaus kann man auch sehr viel von ihm lernen. Wenn Du deine Außenwelt als einen Spiegel deiner Selbst ansiehst, kannst Du dich selbst auch immer wieder verbessern und dahin kommen, wo Du es ursprünglich wolltest.

Freiheit in deinem Kopf zu schaffen, ist eine der größten Voraussetzungen, um im Endeffekt, um den Minimalismus richtig zu leben. Die meisten Menschen fragen sich wie das genau aussehen soll und was man dabei alles zu beachten hat. Der erste und wichtigste Schritt ist es sich erstmal über die eigenen Gedanken bewusst zu werden. Das Bewusstwerden ist immer der erste und wichtigste Schritt, um dahin zu kommen, wo man es will.

Hierfür kannst Du dir ein Tagebuch schnappen und damit beginnen das auf zu schreiben, was gerade in deinem Kopf vor sich geht. Am besten nimmst Du dir dafür 10 bis 15 Minuten Zeit dafür und entwickelst daraus eine Gewohnheit. Wenn Du nämlich daraus eine Gewohnheit entwickelst, wirst Du bemerken, dass Du einen großen Schritt weiterkommst und im Endeffekt das umsetzen kannst, was Du ursprünglich wolltest. Hierbei ist es besonders wichtig, dass Du ehrlich mit dir selbst bist, sodass Du im Endeffekt auch von dieser Übung profitieren kannst.

Im nächsten Schritt kannst Du dann deine Gedanken viel besser transformieren. Hierfür musst Du dir einfach nur die Vorteile vor Augen führen, die positive Gedanken mit sich tragen. Du hast einen klaren Kopf und kannst im Endeffekt auch viel schneller und effektiver arbeiten und das ist es worauf es schlussendlich ankommt.

Für diese Transformation braucht es selbstverständlich auch Zeit, die Du dir selbst auch geben solltest. Wenn Du das machst, wirst Du auf langfristige Sicht weiterkommen und hast im Endeffekt auch mehr Kontrolle über deine ganzen Gedanken und das ist es worauf es schlussendlich ankommt. Du wirst dein ganzes Glaubenssystem nicht von heute auf morgen verändern können. Das ist es auch nicht worauf es schlussendlich ankommt. Viel wichtiger ist es sich selbst die Frage zu stellen, was man auf tagtäglicher Ebene tun kann, um an sein eigentliches Ziel zu kommen. Wenn Du das machst, wirst Du bemerken, dass Du im Endeffekt viel schneller und einfacher dahin kommen kannst, wo Du willst.

Schlusswort

Erstmal möchte ich mich herzlich bei dir bedanken, dass Du bis zum Ende mitgelesen hast. Das beweist dir selbst schon mal, dass Du den Willen und die nötige Motivation hast, um etwas zu verändern. Nun kommt es darauf an, dass Du das Gelernte in die Tat umsetzt. Versuche hierbei immer kleine Schritte zu machen, um im Endeffekt auch dein großes Ziel verwirklichen zu können. Es ist wichtig ein großes Ziel zu haben, damit es im Endeffekt auch für einen selbst erreichbar sein kann. Ansonsten wird man sich selbst immer wieder nur überfordern und keinen einzigen Schritt weiterkommen. Auch wenn das bedeutet die Messlatte niedriger anzusetzen, wirst Du bemerken, dass es genau das ist, was dich im Endeffekt weiterbringen wird. Wenn Du das machst, wirst Du auch schon schnell die Vorteile vom Minimalismus spüren können und im Endeffekt auch das erreichen können, was Du dir eigentlich vorgestellt hast. Nicht nur dein Leben wird einfacher werden, sondern Du wirst in der Praxis dich auch mit viel weniger Stress und Sorgen herumschlagen müssen. Mit diesen Worten möchte ich mich von dir verabschieden und wünsche dir viel Erfolg bei der Umsetzung.

Ihr

M. Rock

Wie waren die Informationen?

Solltest Du Gefallen an meinem Buch gefunden haben, wäre ich Dir sehr dankbar für Deine Bewertung. Um eine Bewertung zu hinterlassen,

klicke einfach hier (folgt noch)

und bewerte das Buch mit einigen kurzen Sätzen.

Das dauert nicht länger als 2 Minuten.

Schreibe, was Dir ganz besonders gut gefallen hat und natürlich auch (konstruktiv), solltest Du etwas vermisst haben. Ich lese wirklich jede Bewertung und jedes persönliche Feedback (*info@rdw-traders-club.de*). Das hilft mir dabei, meine Bücher stetig zu verbessern und den persönlichen Kontakt mit meinen Lesern zu intensivieren.

Auf meiner Facebook Seite, in unserer geschlossenen Gruppe, lade ich Sie gerne ein das wir verschieden aktuelle Erlebnisse Diskutieren können und jeder für sich bewerten kann.

Weil meist gibt es nicht nur eine Wahrheit.
https://www.facebook.com/m.rockit/

Besuche mich auf Homepage:

http://www.rdw-traders-club.de/BUeCHER-VON-RDW

Wenn Du über Aktion und Angebote informiert werden möchtest,

Trage Dich bei unserem Newsletter-dienst ein, versprochen kein Spam.

http://www.rdw-traders-club.de/epages/80159646.sf/de_DE/?ObjectPath=/Shops/80159646&ViewAction=ViewNewsletterVielen herzlichen

Dank für Deine Unterstützung.

M. Rock

Mein Facebook Seite
https://www.facebook.com/m.rockit/

Rechtliches

Für Fragen und Anregungen:

info@rdw-traders-club.de

BUCHTITEL

Weniger ist manchmal mehr

Glück durch Minimalismus

Minimalismus, aber richtig –

Die Clevere Schritt für Schritt Anleitung

Auflage,1   JAHR 2018

© by M Rock

Herausgeber dieses Buches ist

VERLAG: Rock die Wellen Traders Club

ADRESSE: An der Brenzbahn 6

PLZ, 89073 **ORT**, ULM

Ansprechpartner Rose, Marcus

Steueridentifikation: USt-IdNr.: DE306394148

Copyright © 2018 by M. Rock - alle Rechte vorbehalten

Alle Rechte vorbehalten. Alle Texte, Textteile, Grafiken, Layouts sowie alle sonstigen schöpferischen Teile dieses Werks sind unter anderem urheberrechtlich geschützt. Das Kopieren, die Digitalisierung, die Farbverfremdung, sowie das Herunterladen z.B. in den Arbeitsspeicher, das Smoothing, die Komprimierung in ein anderes Format und Ähnliches stellen unter anderem eine urheberrechtlich relevante Vervielfältigung dar. Verstöße gegen den urheberrechtlichen Schutz sowie jegliche Bearbeitung der hier erwähnten schöpferischen Elemente sind nur mit ausdrücklicher vorheriger Zustimmung des Autors zulässig. Zuwiderhandlungen werden unter anderem strafrechtlich verfolgt!

Lektorat & Korrektorat: RDW – Traders CLUB

Cover: Germancreative
(https://www.fiverr.com/germancreative)

ISBN: 9781981090471

Druckerei: Amazon Media EU S.à r.l., 5 Rue Plaetis, L-2338, Luxembourg

Disclaimer-Alle Inhalte dieses Ratgebers/Kochbuches wurden nach bestem Wissen und Gewissen verfasst und nachgeforscht. Allerdings kann keine Gewähr für die Korrektheit, Ausführlichkeit und Vollständigkeit der enthaltenen Informationen gegeben werden. Der Herausgeber haftet für keine nachteiligen Auswirkungen, die in einem direkten oder indirekten Zusammenhang mit den Informationen dieses Ratgebers stehen.

Bücher Tipp

Bücher Tipps aus meiner Buchserie

KURZ UND KNAPP

v

www.ingramcontent.com/pod-product-compliance
Lightning Source LLC
Chambersburg PA
CBHW030502220526

45464CB00006B/2622